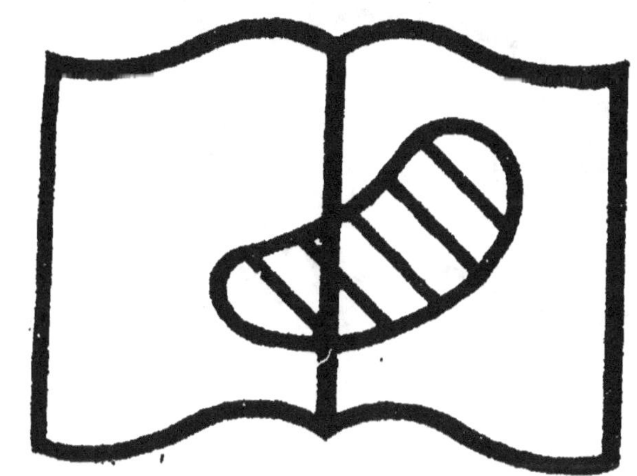

VALABLE POUR TOUT OU PARTIE DU
DOCUMENT REPRODUIT.

Couvertures supérieure et inférieure
en couleur

COMITÉ CATHOLIQUE

POUR LA

DÉFENSE DU DROIT

1899-1900

PARIS

1900

COMITÉ CATHOLIQUE

POUR LA

DÉFENSE DU DROIT

COMITÉ CATHOLIQUE

POUR LA

DÉFENSE DU DROIT

1899-1900

PARIS

—

1900

2

DÉCLARATION DE PRINCIPES

PUBLIÉE AU COMMENCEMENT DE L'ANNÉE 1899.

Le Comité catholique pour la défense du droit *se compose exclusivement de catholiques.*

Il s'appuie sur les principes de 1789, dont l'application loyale pourra seule, après le triomphe définitif de la Justice et de la Vérité dans la crise actuelle, assurer en France la paix intérieure avec la pleine liberté religieuse.

Réprouvant énergiquement l'esprit d'intolérance, il dénonce le mal profond causé au pays par ces deux fléaux : **l'antichristianisme** *et* **l'antisémitisme.**

N'ayant qu'un but : la défense du droit et des libertés publiques par la recherche de la vérité, il recommande à ses amis l'effort personnel qui conduit au développement de l'esprit critique, la lutte contre l'équivoque et le mensonge, de quelque nom qu'ils se parent, le respect des personnes et la sincérité dans la discussion.

RÈGLEMENT PROVISOIRE

I

Le *Comité catholique pour la défense du droit* se compose exclusivement de catholiques. Il compte au *maximum* vingt membres.

II

Le Comité est dirigé par un Bureau.

Le Bureau se recrute lui-même.

Il choisit les membres du Comité parmi les amis et correspondants du Comité.

III

Le but que poursuit le Comité est exposé dans la déclaration qu'il a publiée (ci-dessus, p. 1).

IV

La cotisation annuelle des membres du Comité ne peut être inférieure à 10 francs.

V

Le Comité tient ouverte une liste d'Amis et correspondants.

———

Toutes les communications doivent être adressées à M. Quincampoix, secrétaire du Comité, rue de Dagneux, 6, Paris.

LISTE

DES

MEMBRES DU COMITE

AUVARD (Gaston), ancien officier.

BAETTE (Armand), publiciste.

BUREAU (Paul).

CHAUVIN (J.), professeur.

FÉRAY BUGEAUD D'ISLY, officier en retraite.

GROSJEAN (abbé).

HERVÉ DE KÉROHANT.

JORRAND, ingénieur.

LEROY-DUPRÉ, trésorier du Comité, Paris, 5 bis, rue du Cirque.

LOURMEL (Baron de).

MARTINET (abbé).

PICHOT (abbé).

PINTA (Camille), avocat.

QUINCAMPOIX, publiciste, secrétaire du Comité, Paris, 6, r. de Bagneux.

ROLLET, avocat.

RUSSACQ (abbé).

SAINT-RENÉ-TAILLANDIER.

VIOLLET (Ed.), avocat.

VIOLLET (Paul), membre de l'Institut, président du Comité, Paris, rue Cujas, 5.

RÉUNION DU 12 JUIN 1900.

Le *Comité catholique pour la défense du droit* a tenu, le 12 juin 1900, une réunion à laquelle il a invité ses amis et correspondants.

M. Paul VIOLLET, membre de l'Institut, a présenté en ces termes le compte-rendu des travaux du Comité pendant l'année 1899-1900 :

MESSIEURS ET AMIS,

Je dois vous lire, tout d'abord, les noms de ceux qui nous ont dit par lettre tous leurs regrets de ne pouvoir se joindre à nous aujourd'hui (ici M. Viollet donne les noms de vingt-six personnes qui ont écrit pour s'excuser de ne pouvoir assister à la réunion).

A ces amis qui, de loin, nous tendent des mains fraternelles, à tous ceux qui nous manquent, j'envoie l'expression de notre vive sympathie.

Messieurs, ni les présents, ni les excusés, ni les simples absents, ne sont légion. Nous somm peu nombreux.

Quelques explications sont, ici, nécessaires.

Nous avons voulu, sans violer la loi, user de la liberté que cette loi laisse aux Français. Pour se conformer à cette pensée qui vous paraîtra, sans doute, très morale, le Comité a dû limiter à vingt le nombre de ses membres. Vingt est, comme vous le savez, le chiffre fatidique au delà duquel la liberté d'association disparaît en France.

Sans doute, nous pouvons avoir, en dehors du Comité, des Amis et correspondants en nombre illimité, mais à la condition que le pouvoir constitutif et administratif soit réservé au Comité. C'est pour suivre la même pensée que les Amis et correspondants ne sont pas même astreints à une cotisation. Nous nous permettons seulement de leur tendre la main. C'est en février 1899 que nous sommes venus au monde, à l'heure même où commençaient les procès intentés aux ligues. Il nous parut, en un pareil moment, nécessaire de nous assurer ces premières garanties légales. Telle est la raison de l'organisation un peu étroite qui nous régit. Elle est, d'ailleurs, provisoire comme le règlement lui-même. L'expérience nous apprendra quelles modifications y pourraient être, peu à peu, introduites.

Sans que nous ayons jamais adressé d'appel public aux catholiques, pour demander des adhésions, un bon nombre de personnes se sont fait inscrire parmi nos Amis et correspondants. La liste, bien entendu, reste ouverte. Nous osions à peine, l'année dernière, espérer ce groupement. Certes, il pourrait encore se grossir, se grossir beaucoup. Mais il ne faut point oublier, cependant, que nous nous sommes constitués, précisément parce que le nombre des catholiques français qui pensaient comme nous était fort restreint. Ce petit nombre fut précisément la raison d'être de notre existence. Si parmi nos coreligionnaires un puissant courant s'était formé pour la justice et pour la vérité, nous eussions été heureux de suivre, et nous n'eussions jamais songé à une œuvre spéciale.

Le 7 avril 1899, je vous disais ce qu'à cette

date nous avions fait déjà. Je vous exposais pour l'avenir nos vues et nos projets.

Depuis lors, nous avons déployé quelque activité. Je résumerai, devant vous, nos actes et nos efforts. Ce résumé vous fera, un moment, revivre, par la pensée, cette année 1899, qui a vu, elle aussi, de grands combats et qui mériterait, à son tour, le nom d'année terrible.

En mai et de nouveau en juin 1899[1], nous demandions la mise en liberté du noble colonel Picquart. En mai 1899 [2], nous rendions un hommage public à George Duruy, professeur à l'École polytechnique, frappé pour avoir défendu la vérité, comme Grimaux l'avait été pour avoir porté devant la justice le témoignage que lui dictait sa conscience.

Le 6 juin[3], après l'attentat d'Auteuil, nous adressions au chef de l'État nos hommages respectueux et nous protestions avec indignation contre l'odieuse agression dont il venait d'être l'objet.

Vous vous rappelez nos anxiétés, lorsqu'en ce même mois de juin 1899 nous nous demandâmes quel accueil la population bretonne ferait au malheureux Dreyfus, qui allait être jugé, à nouveau, par le Conseil de guerre siégeant à Rennes. Les mensonges et les excitations de la presse étaient tels qu'un crime était à redouter. Il nous est permis de penser que, si aucun attentat n'a été commis sur la personne de Dreyfus, nous avons pu contribuer à obtenir ce résultat.

(1) Voyez ci-après, *Documents*, n° II et V.
(2) Ci-après, *Documents*, n° III.
(3) Ci-après, *Documents*, n° IV.

Nous fîmes afficher sur les murs de Rennes un pressant appel au bon ordre et au respect de l'accusé [1]. Cet appel fut entendu.

Immédiatement après le prononcé de l'arrêt, le Comité déplorait publiquement la nouvelle et funeste erreur judiciaire qui venait d'être commise. Il ajoutait que cette erreur pourrait être pacifiquement réparée par les voies légales [2].

Il n'avait point manqué d'envoyer au vaillant Labori [3], qu'un misérable avait tenté d'assassiner, l'expression de son indignation.

Pour achever le résumé rapide de notre action en ce qui touche l'affaire Dreyfus, il ne me reste qu'à mentionner notre protestation contre le projet de la loi d'amnistie [4], ainsi que la lettre que nous adressâmes, le 23 janvier 1900 [5], aux délégués sénatoriaux de la Loire-Inférieure afin de les engager à ne pas donner leurs voix au général Mercier, ce candidat étant sous le coup d'une accusation, ou mieux, d'une constatation accablante, émanant de la plus haute juridiction du pays, sous le coup d'une demande en autorisation de poursuites portée devant la Chambre, sous le coup, enfin, de ses propres aveux.

L'amnistie triomphe aujourd'hui. Je constate ici, non sans quelque effroi, que la France a donné, en ces derniers temps, à l'occasion d'une affaire tout autre que l'affaire Dreyfus, un spectacle analogue, le spectacle amollissant et scandaleux de

---

(1) Ci-après, *Documents*, n° VII.
(2) Ci-après, *Documents*, n° X.
(3) Ci-après, *Documents*, n° IX.
(4) Ci-après, *Documents*, n° XII.
(5) Ci-après, *Documents*, n° XIII.

l'apothéose officielle d'un homme qui était tombé justement sous le coup de la loi : Lesseps.

Du moins, nous n'aurons pas contribué, nous, à cet énervement de la conscience publique. Ceux-là même qui, « pour faire l'apaisement, » veulent honnêtement l'amnistie, doivent reconnaître que les résistances de quelques braves gens sont, en pareille occurrence, nécessaires à l'honneur du pays.

En vous exposant, le 7 avril 1899, nos vues sur l'affaire Dreyfus, nous vous disions aussi, M. l'abbé Pichot et moi, l'union des membres du Comité sur le terrain des libertés publiques : nous vous disions le respect que nous professons pour les principes politiques, qui, proclamés en 1789, sont aujourd'hui notre seule sauvegarde. En même temps que nous affirmions notre attachement à cette Déclaration des Droits de l'homme et du citoyen qui est la Grande Charte du pays, nous manifestions hautement nos craintes pour l'avenir.

Nous voyions, en effet, se préparer ces projets de loi antireligieux, qui, ajoutés à quelques lois de date assez récente, constituent autant de violations formelles des principes de 89. *In quâ mensurâ mensi fueritis, remetietur vobis*, disait prophétiquement l'abbé Pichot. Mais je ne veux point le flatter : nous étions tous aussi bons prophètes que lui.

On ne saurait trop le remarquer, Messieurs, la Déclaration des Droits de l'homme, sans être irréprochable assurément, sans échapper à toute critique, est pourtant rédigée avec tant de soin qu'il est aujourd'hui à peu près impossible de porter une loi ou de prendre une mesure antireligieuse, qui ne soit, en même temps, une violation des principes affirmés par les Constituants. C'est folie de ne pas le reconnaître !

Qui donc invoquait récemment contre les nouveaux projets de loi la constitution républicaine? Mais ouvrez la constitution de 1875 qui nous régit : vous n'y trouverez pas une ligne, pas un mot qui puisse servir de garantie aux victimes de lois ou de mesures antireligieuses ou anti-libérales. A cet égard, je ne saurais trop le répéter, le seul refuge légal, c'est la Déclaration des Droits de l'homme. Nous l'invoquons, aujourd'hui, en faveur des catholiques, avec d'autant plus de conviction et avec d'autant plus de force qu'en l'invoquant nous proclamons bien haut que, demain, nous ferions, le cas échéant, le même appel à notre Grande Charte française en faveur des libres penseurs, des protestants ou des juifs.

Le Comité a fait reproduire D éclaration des Droits, d'après un placard de 1789; il en a adressé quelques exemplaires à tous ses amis et il en a fait déposer chez plusieurs libraires de province [1]. Trop peu de Français ont lu la fameuse Déclaration. Pour la faire apprécier comme elle doit l'être, il faut la mettre aux mains de tous.

C'est au nom des principes de 89, que, dès les premiers jours de novembre 1899 [2], nous avons protesté contre toute atteinte à la liberté d'enseignement et à la liberté des pères de famille; c'est en

---

(1) Le dépôt central a été fait à la librairie Hachette, Paris, rue Réaumur, 11.
(2) Ci-après, *Documents*, n° XI.

nous inspirant de l'esprit moderne que nous avons protesté contre toute mesure hostile aux congrégations autorisées ou non autorisées.

Tout récemment encore, le 9 de ce mois, dans une lettre au Président du Conseil [1], nous rappelions ces protestations de novembre, en même temps que nous nous élevions contre les mesures odieuses qui, depuis quinze ou vingt ans, frappent trop souvent de modestes fonctionnaires ou employés, dont le crime est de placer leurs enfants dans des écoles congréganistes, au lieu de les confier aux écoles de l'État.

Je parlais, tout à l'heure, d'apaisement. Il n'y a, Messieurs, il ne saurait y avoir d'apaisement que par l'application sincère des principes de 89. Trois mots sauveurs résument ces principes : trois mots qu'il est facile d'inscrire sur les murs, plus difficile de graver dans les âmes : **Liberté, Égalité, Fraternité.**

Comme vous le voyez, Messieurs, l'affaire Dreyfus n'a pas absorbé exclusivement notre attention et notre activité.

Fidèles à notre programme, nous avons lutté non seulement contre l'antisémitisme, mais aussi contre l'antichristianisme, qui est identique, pour l'instant, à l'antilibéralisme.

Je dois, en finissant, vous faire connaître certaines protestations et lettres que nous n'avons pas cru devoir livrer à la publicité des journaux.

Le 1er mai 1899, nous écrivions à un évêque français pour lui signaler un odieux *factum* con-

<hr>

[1] Ci-après, *Documents*, n° XV.

tre les juifs. (1) Ce *factum* n'est autre chose qu'un sermon prononcé pendant l'Avent, dans une église. Nous avons cru devoir protester, « au nom de la justice et au nom des intérêts catholiques. » Nous aurions dû protester, avant tout : au nom du bon sens !

Afin que les intéressés n'en ignorent, copie de notre lettre a été correctement envoyée par nous, et à ce triste prêcheur et au curé qui l'avait fait monter dans la chaire de son église.

Les amis du droit et de la justice sont les ennemis nés des abus. Nous estimons que certains abus qui se développent dans le monde catholique, constituent, pour la religion, des fléaux intérieurs beaucoup plus redoutables que telles lois ou tels décrets.

Dans cette direction d'idées, nous n'avons fait, jusqu'ici, aucune publicité, mais nous avons écrit deux lettres, l'une au cardinal archevêque de Paris, l'autre à tous les évêques de France.

Dans notre lettre à l'archevêque de Paris, qui date du 1er août 1899 (2), nous appelions très respectueusement l'attention du vénérable prélat sur le prix excessif des chaises, dans certaines églises de Paris, le jour de la première communion. Cette touchante cérémonie, réunit à l'église beaucoup de personnes qui n'en connaissaient plus guère le chemin; mais hélas! elle devient trop souvent pour ces familles, non point une occasion de rapprochement et de rechristianisation, mais une nouvelle pierre de scandale et un motif de plus d'éloignement.

____

(1) Ci-après, *Documents*, n° I.
(2) Ci-après, *Documents*, n° VIII.

Enfin, le 31 mai dernier [1], nous avons envoyé à tous les évêques de France, une lettre où nous leur signalons, en leur demandant respectueusement leur avis, certaines formes nouvelles de la dévotion aux saints, certains appels de fonds qu'on organise, en publiant de prétendues grâces obtenues contre argent comptant ou contre promesse d'argent. Nous leur dénonçons aussi la dévotion à saint Expédit, de création récente et fondée sur un jeu de mots. Sur ce dernier point, nous prenons la liberté de leur indiquer une étude publiée par MM. Gaidoz et Doncieux dans *Melusine* et un article des Bollandistes dans *Analecta Bollandiana*. Enfin, pour leur épargner la peine d'acheter et de feuilleter les publications religieuses qui nous ont inspiré plusieurs paragraphes de notre lettre, nous avons joint à ladite lettre quelques extraits. La lettre et les extraits seront envoyés à nos Amis et correspondants [2].

Je dois rapprocher de ces petites feuilles, un organe plus connu, *La Croix*.

Dirigée par des Religieux qui, par ailleurs, ont fait le bien, cette feuille a fait le mal. Je me reprends et je dirai pour ne rien exagérer qu'elle a fait beaucoup de mal. Ce journal était présent à notre pensée, — personne ne s'y est mépris — lorsque, dès les premiers jours de novembre 1899 [3], dans une déclaration envoyée à la presse, nous avons « répudié hautement toute solidarité avec ces feuilles religieuses ou soi-disant catholiques, qui contribuent à oblitérer dans les âmes le véritable esprit chrétien. »

(1) Ci-après, *Documents*, n° XIV.
(2) Cet envoi a été fait en juin 1900.
(3) Ci-après, *Documents*, n° XI.

En cette rencontre, nous avons eu la bonne fortune de ne pas arriver trop tard. Quelque temps après notre déclaration survinrent très inopinément les perquisitions aux bureaux de la *Croix*, puis le retentissant procès intenté aux Assomptionnistes, procès parfaitement injustifié et à tous égards très fâcheux. Six semaines ou deux mois plus tard, nous serions arrivés après le Gouvernement. Nous aurions manqué l'heure. Nous aurions suivi le bras séculier, disgrâce dont je ne me serais jamais consolé.

« Aide-toi, le ciel t'aidera, » dit le proverbe. Messieurs, nous nous aidons. Aidons-nous par l'action. Aidons-nous par la prière. Ce ne sont point là des pratiques nouvelles : l'action et la prière sont de vieux procédés, de tout temps usités dans l'Église, et nous sommes dans la tradition.

DOCUMENTS

I

*Extrait d'une lettre adressée par le Comité à un évêque
pour appeler respectueusement son attention sur une bro-
chure reproduisant un sermon prêché dans une église :*

Paris, le 1ᵉʳ mai 1899.

« La simple lecture de ce *factum* suffit à édifier sur les sentiments de l'auteur. En des termes odieux qui ne sont ni d'un
prêtre, ni d'un chrétien, il excite la haine contre les Juifs,
souhaitant ouvertement leur spoliation ; il s'imagine, l'impru-
dent, qu'un appel à la prière saurait calmer les passions dé-
chaînées . . . .

« . . . . . Nous protestons auprès de vous, au nom de la Justice,
au nom des intérêts catholiques dont vous avez la garde.

« Persécutés nous-mêmes, devons-nous, catholiques, cher-
cher à persécuter les autres ?

« Nous sommes avec un profond respect, etc. »

II

Pour le colonel Picquart :

Le 5 Mai 1899.

Le *Comité catholique pour la défense du droit* s'associe à
la délibération prise par la Ligue des Droits de l'homme, à
l'effet de réclamer encore une fois la mise en liberté du colonel Picquart.

III

Adresse à M. George Duruy.

Paris, le 8 mai 1899.

Un témoin porte devant la justice le témoignage que lui dicte sa conscience : ce témoin est professeur à l'École polytechnique. Il est frappé.

Un citoyen défend la vérité dans un journal : ce citoyen est professeur à l'École polytechnique. Il est frappé.

Ainsi, la première École militaire de France aura été touchée deux fois en un an : une première fois, en la personne de Grimaux; une seconde fois en la vôtre.

Votre cours est suspendu, Monsieur. La discipline militaire est suspendue avec votre cours. Mais, si vos élèves perdent quelque leçons, la France entière ne perdra pas la grande leçon d'honnêteté et de patriotisme que vous venez de lui donner.

IV

Adresse à M. le Président de la République après l'agression d'Auteuil.

Paris, le 6 juin 1899.

Le *Comité catholique pour la défense du droit* adresse ses hommages respectueux au Président de la République, et proteste avec indignation contre l'odieuse agression dont il vient d'être l'objet.

V

Pour le colonel Picquart.

Le 7 juin 1899.

Le *Comité catholique pour la défense du droit* proteste encore une fois contre la prolongation indéfinie de la détention du colonel Picquart. Maintenir en prison l'officier qui, le premier, a découvert la vérité et sacrifié à son devoir sa carrière et sa liberté, c'est, comme l'a dit la *Ligue française pour la défense des Droits de l'homme et du citoyen*, offenser la conscience publique.

VI

Au colonel Picquart mis en liberté.

Paris, le 14 juin 1899.

Colonel,

Le *Comité catholique* tient à saluer cette nouvelle victoire du Droit. La justice n'immolera pas son plus vaillant défenseur.

VII

Appel aux Rennais au moment du procès Dreyfus.

La proclamation suivante a été affichée sur les murs de Rennes :

Le 26 juin 1899.

Catholiques Rennais,

Dans quelques jours va se juger à Rennes la cause qui, depuis de longs mois, a si profondément divisé notre pays.

Il importe à votre dignité et à l'honneur national que rien ne trouble l'œuvre de la justice.

On a cherché, dans cette affaire, à opposer la magistrature à l'armée. Vous éviterez cette faute. Opposer la magistrature à l'armée, ce serait opposer la France à la France.

Vous n'écouterez donc pas ceux qui vous diraient que notre Tribunal suprême, composé d'hommes ou serviles ou vendus, a trahi son devoir à l'unanimité, et foulé aux pieds la justice.

Vous donnerez l'exemple du respect du droit, du respect des grandes forces sociales, qu'on ne peut affaiblir sans atteindre la Patrie elle-même. Vous aurez confiance dans les autorités régulières, civiles et militaires; vous vous inspirerez de l'esprit de justice et de modération, justice et modération dont les principes mêmes du christianisme nous font une obligation de conscience.

Vous n'oublierez pas que l'homme qu'on va juger est redevenu un accusé : il a droit aux garanties qu'assurent aux accusés les lois de tous les pays civilisés.

Vous n'oublierez pas que toute manifestation tapageuse semblerait avoir pour but de dicter leur sentence aux juges et serait, par conséquent, une injure au Conseil de guerre.

VIII

Lettre à S. E. le cardinal archevêque de Paris au sujet du prix des chaises dans les églises de Paris, le jour de la première communion.

Paris, le 1ᵉʳ août 1899.

EMINENCE,

Connaissant votre sollicitude pour les moindres intérêts de la religion, nous croyons devoir attirer votre attention sur une coutume qui nous paraît préjudiciable à sa cause : l'élévation du prix des chaises le jour de la première communion.

Sans doute, le décret de 1809 affranchit les fabriques de l'obligation de requérir l'approbation de l'évêque pour les tarifs qu'elles jugent opportuns. Cependant, on ne peut guère admettre que l'article 64 de ce décret ait soustrait les fabriques à la surveillance de l'autorité supérieure, sous laquelle ces établissements sont, dans tous les cas, placés ; si donc, il était démontré que ces tarifs fussent excessifs, elle aurait évidemment le droit d'intervenir.

Or, est-il bon d'augmenter le prix des places en ce jour, où bien des pères de famille sont appelés à franchir le seuil de l'église, dont ils ont depuis longtemps souvent oublié le chemin?

Beaucoup se trouvent émus par la cérémonie ou quelques souvenirs de leur propre enfance, et de ces heureuses dispositions la parole du prêtre peut tirer profit pour le plus grand bien des âmes.

Encore est-il qu'il faut que cette parole puisse venir sans entrave jusqu'à ceux qui en ont le plus besoin, et surtout que leur bonne volonté à subir une influence salutaire ne soit pas troublée par quelque ressentiment ou quelque murmure.

C'est malheureusement ce qui arrive dans un certain nombre de paroisses, où la plupart des places ne peuvent être occupées qu'à des prix relativement élevés, 1 franc, 1 fr. 50 et plus. C'est pour les familles pauvres une trop forte dépense : les plus malheureux se voient privés d'assister à cette cérémonie, qui pourtant serait peut-être pour eux la seule fête de la vie ; et les autres, des pères et des mères, devront s'entasser dans les bas-côtés toujours insuffisants, tandis que des oncles et des tantes de premiers communiants occuperont dans la nef des places de choix.

Il n'est pas téméraire d'affirmer que plus d'un parmi ces humbles, éprouvera de cette distinction un sentiment d'envie et d'amertume qu'il reprochera aussi vivement à ceux qui font payer qu'à ceux qui payent.

Ainsi, en ce jour qui pourrait être un jour de salut, se trouveront perdues du même coup, une occasion de retour à de meilleurs sentiments religieux, et une occasion de rapprochement social, toujours désirable.

Nous osons espérer, Éminence, que votre amour des humbles vous disposera à accueillir favorablement notre démarche, et nous vous prions de croire que nous sommes, avec le plus profond respect, Monseigneur, de Votre Éminence, les très humbles et obéissants serviteurs.

IX

A Labori, à Rennes, après l'attentat.

18 août 1899.

Le *Comité catholique pour la défense du droit* partage l'indignation de tous les honnêtes gens et envoie au noble défenseur de Dreyfus ses hommages et ses vœux.

X

Après le jugement du Conseil de guerre de Rennes.

Le *Comité catholique pour la défense du droit* déplore profondément la nouvelle et funeste erreur judiciaire qui vient d'être commise à Rennes.

Il est persuadé qu'elle pourra être pacifiquement réparée par les voies légales.

Il invite tous les amis du droit et de la justice à respecter scrupuleusement la légalité, dans un moment où le moindre écart pourrait compromettre les libertés du pays.

XI

Protestation contre toute atteinte à la liberté d'enseignement, contre toute mesure hostile aux congrégations religieuses. — Répudiation de toute solidarité avec certaines feuilles religieuses ou soi-disant catholiques.

(Voté le 37 octobre, publié dans les journaux du 4 et du 5 novembre 1899).

Le *Comité catholique pour la défense du droit,*

Fidèle à l'esprit moderne de liberté et d'égalité dont notre droit public devra chaque jour s'inspirer davantage,

Proteste contre toute atteinte à la liberté d'enseignement, liberté qu'il faut s'attacher à développer, non à restreindre. — C'est par la concurrence, non par l'oppression que les citoyens d'un pays libre luttent contre leurs adversaires;

Proteste contre toute mesure nouvelle hostile aux congrégations autorisées ou non autorisées. — Le développement pacifique des associations religieuses ou laïques est la conséquence nécessaire de la liberté individuelle. Lorsque des concitoyens réclament réciproquement leur expulsion, ils travaillent en commun à la ruine de la patrie. Ce n'est pas le fait de l'association ou de la réunion en congrégation, qui, dans une législation libérale, doit être poursuivi; c'est exclusivement le crime ou le délit.

Le Comité,

Convaincu que les violences et les iniquités de langage commises par certains catholiques s'expliquent en grande partie par l'affolement qu'ont produit les lois antireligieuses;

Répudiant toute solidarité avec ces feuilles religieuses ou soi-disant catholiques, qui contribuent à oblitérer dans les âmes le véritable esprit chrétien;

Adjure les hommes politiques de ne pas aggraver l'exaspération des esprits et les divisions entre enfants d'une même patrie.

XII

Vœu contre le projet de loi d'amnistie.

Le 10 décembre 1899.

Le Comité catholique pour la défense du droit,

Considérant que des crimes ont été constatés par la plus haute juridiction du pays et avoués en justice ;

Considérant que la poursuite des faits délictueux, connexes à l'affaire Dreyfus, peut aider à la réparation d'une erreur judiciaire ;

Considérant que, dans les circonstances actuelles, l'amnistie avant la poursuite et la condamnation impliquerait l'abdication des droits et des devoirs sociaux, et constituerait une violation indirecte de l'article 6 de la Déclaration des Droits de l'homme : « La loi doit être la même pour tous, soit qu'elle protège, soit qu'elle punisse ; »

Émet le vœu que les Chambres ne votent pas la loi d'amnistie proposée par le ministère, la possibilité de la grâce ou de l'amnistie après justice étant, bien entendu, réservée.

XIII

Lettre aux délégués pour l'élection d'un sénateur dans la Loire-Inférieure.

Paris, le 28 janvier 1900.

MONSIEUR LE DÉLÉGUÉ,

Le *Comité catholique pour la défense du droit* se serait certainement abstenu d'intervenir dans les débats auxquels donne lieu l'élection de la Loire-Inférieure, si la candidature de M. le général Mercier ne prenait, dans les circonstances actuelles, le caractère d'une violation du droit.

En effet, en sollicitant vos suffrages, M. le général Mercier paraît vouloir se faire absoudre indirectement.

M. le général Mercier est sous le coup des accusations les

plus graves. Tel d'entre les actes qui lui sont reprochés a été constaté par la plus haute juridiction du pays et avoué par lui-même en plein Conseil de guerre à Rennes.

Il n'est vraiment pas possible, Monsieur le Délégué, que le département de la Loire-Inférieure envoie ce candidat au Sénat.

Dieu veuille que vous écoutiez le conseil désintéressé d'hommes, qui ont suivi de près les événements; qui déplorent comme vous certaines attaques dirigées contre l'armée; qui réprouvent comme vous toute mesure antireligieuse; qui ont, dès le premier jour, protesté contre les nouveaux projets de loi visant les catholiques!

Rappelez-vous que la question actuelle est tout-à-fait indépendante de l'opinion qu'on peut avoir sur l'affaire Dreyfus. N'oubliez pas que le ministère qui a combattu avec le plus d'énergie la revision ; qui, pour l'empêcher, a fait modifier la législation du pays par une loi de circonstance, a dû, pour obéir à une inéluctable nécessité, demander l'autorisation de poursuivre M. le général Mercier et que l'affaire a été seulement ajournée.

Veuillez agréer, Monsieur le Délégué, l'expression, de nos sentiments distingués.

XIV

Lettre aux cardinaux et évêques de France sur des formes nouvelles de dévotion à certains saints.

Paris, le 31 mai 1900.

Monseigneur,

Préoccupés du développement anormal que prennent en ce moment parmi les catholiques certaines pratiques religieuses et du dommage qu'elles peuvent causer à la religion, nous prenons respectueusement la liberté de confier nos craintes à Votre Grandeur. Nous la prions d'étudier, si elle ne l'a déjà fait, le problème que nous nous sommes posé. Nous serions heureux et honorés de recevoir, sur ce sujet, un avis de Votre Grandeur.

Il nous est recommandé, sans doute, d'honorer les saints et de leur adresser des prières ; nous pouvons les prier, même en vue d'obtenir des grâces temporelles. Mais il nous semble que le culte de certains saints revêt, en ce moment, une forme étrange. De bons esprits, d'excellents chrétiens se demandent, en lisant telle et telle publication pieuse, si nous n'assistons pas à une perversion du sens religieux dans les masses et à un certain retour vers le paganisme.

Nous citerons — et cela suffira pour que Votre Grandeur saisisse notre pensée — la dévotion à saint Antoine de Padoue et à saint Expédit. Chacun sait que saint Antoine de Padoue n'est guère invoqué qu'en vue de grâces temporelles, et, ce qui est plus inquiétant, toujours en échange de quelques pièces de monnaie ou au moyen d'une correspondance, au moins bien singulière. Nous ne parlons pas des demandes étranges qui lui sont adressées.

Quant à la dévotion à saint Expédit, elle est toute nouvelle, et le prestige de ce saint n'est dû qu'à un véritable *jeu de mots*. On peut lire à ce sujet une étude dans *Mélusine*, t. IX, col. 169 et suivantes, col. 287, 288, et un article des savants Jésuites Bollandistes dans *Analecta Bollandiana*, t. XVIII, p. 425.

Nous pourrions ajouter, Monseigneur, qu'il n'y a pas jusqu'à la dévotion à saint Joseph qui ne tende à prendre de plus en plus cette forme inquiétante (voir, par exemple, le *Propagateur de la dévotion à saint Joseph*).

Font-ils réellement œuvre utile à la religion, ceux qui propagent ces dévotions bizarres? N'y aurait-il pas lieu, au conraire, de condamner ces procédés et en même temps d'arrêter ce flot de puérilités dont les extraits ci-joints (1) donneront une idée à Votre Grandeur?

On a établi à Rome une sorte de canon des indulgences d'où sont éliminées toutes les indulgences inauthentiques ou simplement suspectes. Ne conviendrait-il pas d'éliminer aussi les formes de dévotion, dont le caractère est nettement abusif ou suspect?

Le budget de certaines œuvres perdrait peut-être à cette mesure quelques milliers de francs. Mais on ne peut s'arrêter un instant à des considérations de cette nature, s'il doit résulter de la réforme que nous indiquons un bénéfice d'ordre plus élevé.

Un fait caractéristique a attiré notre attention : le vénérable

---

(1) Nous n'avons pas cru devoir reproduire ici ces extraits dont nos Amis et correspondants ont reçu déjà un exemplaire.

curé de Saint-Sulpice, récemment rappelé à Dieu, ne voulut jamais laisser introduire dans son église la dévotion à saint Antoine de Padoue, sous la forme qu'elle revêt depuis quelques années et qui est précisément celle qui nous inquiète. On nous assure que son digne successeur n'entend point changer d'attitude.

Nous avons obéi, Monseigneur, à la voix de notre conscience, en nous adressant à Votre Grandeur et en lui soumettant une question qui a pu déjà la préoccuper, s'il lui est arrivé comme à nous-mêmes de voir, dans certaines églises, le tabernacle du Divin Maître abandonné, et les fidèles en grand nombre à genoux devant la statue de saint Antoine de Padoue.

Ce n'est pas, est-il besoin de le dire? dans un esprit de vaine critique, que nous venons de faire respectueusement et discrètement auprès de Votre Grandeur, cette démarche : nous avons cru servir une cause qui nous est chère.

Daigne Votre Grandeur agréer l'expression du profond respect avec lequel nous sommes, etc.

Deux évêques ont répondu au Comité par des lettres très encourageantes (7 et 12 juin 1900). D'Annecy nous a été transmis, en réponse à notre communication, le n° du 15 juin 1900 de la *Semaine religieuse* de ce diocèse; ce numéro contient un article extrêmement énergique : « Que MM. les curés, conclut le rédacteur autorisé qui tient la plume, que MM. les curés préviennent les fidèles contre toute idée de s'abonner à de telles publications, d'en suivre les avis; que les fidèles intelligents se gardent eux-mêmes et défendent aussi leur famille contre des pratiques qui rapetissent la religion, plus souvent encore en dénaturent complètement l'esprit. »

Le mal que nous signalions aux évêques paraît très senti en ce moment, ainsi, d'ailleurs, que nous l'écrit un de nos vénérables correspondants. Deux jours après l'envoi de notre circulaire, la *Semaine religieuse de Paris* commençait la publication d'une série d'articles sur la question (2 juin, 23 juin, 30 juin, etc.).

La *Semaine religieuse* du diocèse de Quimper du 7 septembre 1900 et celle du diocèse de Lyon dudit jour 7 septembre, se sont prononcées dans le même sens que nous et que la *Semaine religieuse de Paris*. La *Semaine religieuse* du diocèse de Vannes a publié, dans le n° du 28 juillet 1900, une note par laquelle l'évêque de Vannes défend à toutes les maisons religieuses du diocèse de recevoir, à moins d'une autorisation écrite, les publications « malavisées qui, sous prétexte d'augmenter dans les cœurs la confiance à quelques saints, racontent parfois des faits plus ou moins ridicules ou controuvés qui ne peuvent que nuire à ce culte salutaire. » L'évêque ajoute : « Nous espérons que nos pieux diocésains tiendront bon compte pour eux-mêmes de l'avertissement donné à nos communautés religieuses » (d'après l'*Univers*, du 5 août 1900).

Enfin, *Le Pèlerin*, nommé avec d'autres revues dans la *Semaine religieuse de Paris* du 30 juin, vient de supprimer son bulletin intitulé : *Le pain de Saint-Antoine de la rue François I*er*, à Paris*.

Il appartient à tous les amis éclairés de la religion de travailler, chacun dans sa sphère, avec persévérance, douceur et fermeté, à sa continuation et à l'achèvement de l'œuvre commencée.

Le Comité se fait un devoir d'ajouter qu'il ne revendique point l'initiative de ce mouvement : en effet, un de ses Amis et correspondants a bien voulu lui signaler un document de 1897, établissant qu'à cette date de bons chrétiens s'inspiraient déjà efficacement des mêmes préoccupations.

XV

Lettre au Président du Conseil des Ministres en faveur des fonctionnaires molestés à cause de l'éducation qu'ils font donner à leurs enfants.

Paris, le 9 juin 1900.

MONSIEUR LE PRÉSIDENT DU CONSEIL,

Il est de notoriété publique que, depuis quinze ou vingt ans, de modestes fonctionnaires ou employés ont été gravement molestés et arrêtés dans leur carrière parce qu'ils avaient préféré, pour l'éducation de leurs enfants, des écoles congréganistes aux établissements de l'État.

Il nous est douloureux de penser que dans la France de 89 une pareille atteinte ait pu être portée à la liberté de conscience. La liberté de conscience est la base de notre société. Elle est garantie à tous les Français par la Déclaration des Droits de l'homme, qui est leur charte et leur sauvegarde.

Notre Comité a déjà eu l'occasion de dire hautement, au mois de novembre 1899, ce qu'il pense de toute loi et de tout projet de loi antireligieux et antilibéral. Les mesures oppressives sur lesquelles il appelle aujourd'hui votre attention, ont quelque chose de plus odieux encore qu'une loi, parce qu'elles ont un caractère tout individuel et personnel.

Il vous appartiendrait, Monsieur le Président du Conseil, de réprimer sévèrement des actes de ce genre. L'esprit d'intolérance qui renaît sous nos yeux, doit être combattu non point par le même esprit d'intolérance, mais uniquement par l'esprit de liberté et de tolérance. Par là seulement il sera définitivement vaincu.

Veuillez agréer, Monsieur le Président du Conseil, l'hommage de notre profond respect.

IMPRIMERIE DE L'INDÉPENDANCE DE L'EST